A través de los

OJOS *de un* SATO

Enfrentando el Miedo y Encontrando Valor

"INSPIRADO POR EVENTOS VERDADEROS"
LA HISTORIA DE

Rico Suave

Para solicitudes de permiso,
póngase en contacto con Gloria Silva,
1+ (973) 826-0309

Publicado en 2018 por
Sato Fabulous, LLC
P.O Box 752
Clifton, New Jersey 07015
www.satofabulous.com

ISBN-13: 978-1-7335592-2-5 (Sato Fabulous, LLC)
ISBN-10: 1-7335592-2-1

Imprimido y fabricado en los Estados Unidos de América

"Sato" es un perro callejero de Puerto Rico.

www.satofabulous.com

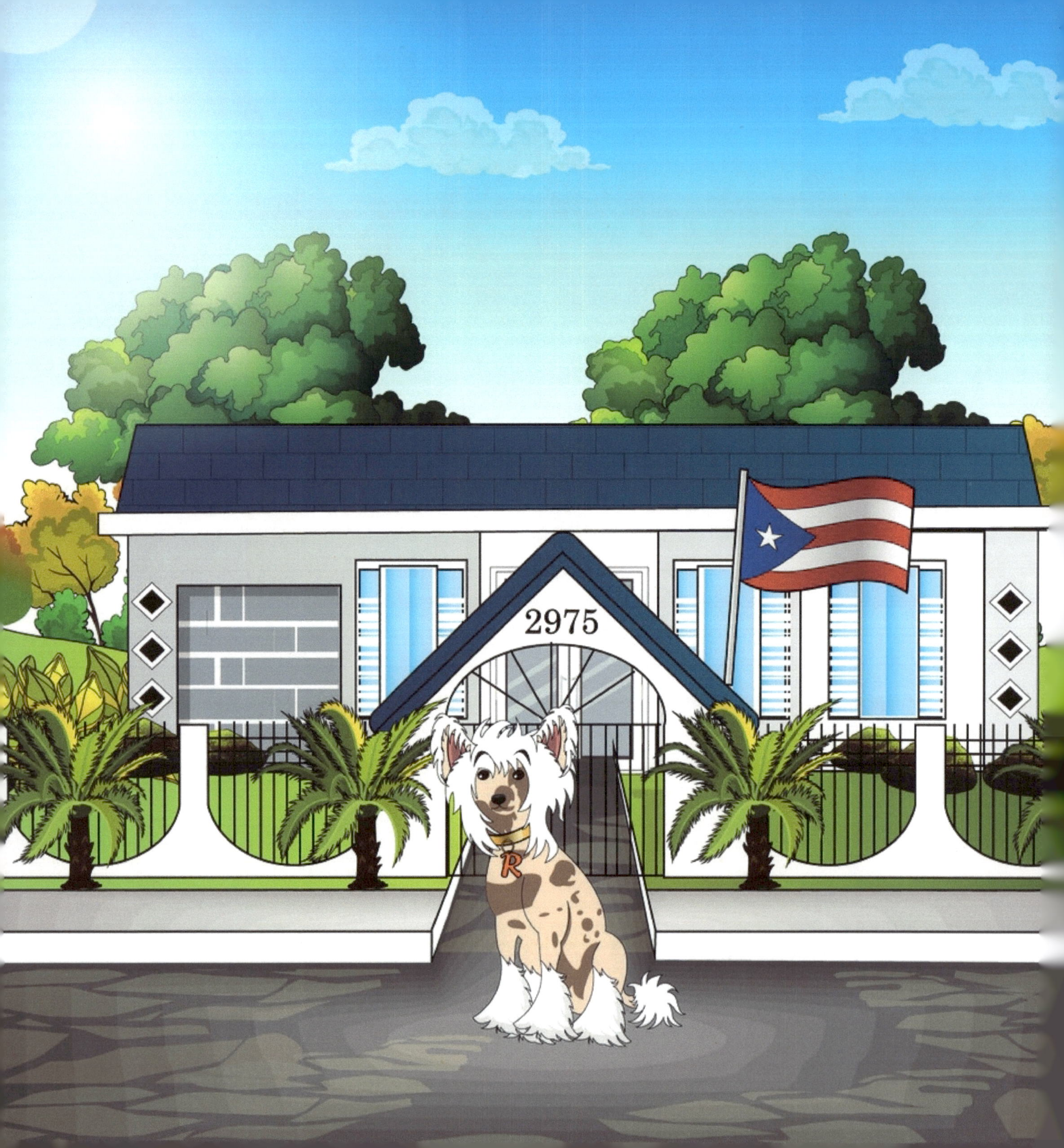

2975

Esta es la asombrosa historia de Rico,
un perrito valiente que fue
abandonado, obligado a enfrentar un
huracán y vivió para contar su historia.

PIRAGUAS
MENU
BACALAITO
MENU

Un día, mientras realizaba mi habitual paseo diario por las calles bañadas por el sol de Humacao, Puerto Rico, me tropecé en la plaza con mis amigos satos Tito y Diego de Salinas.

"Acho mis hermanos, que es la que hay?
¿Qué están haciendo aquí?
¡Guau!" Dije.

Sus colas se movían rápido, y parecían
bastante asustados.

"Rico, ¿no lo sabes? Hay un huracán
que viene directamente hacia nosotros",
dijo Tito en voz apresurada.

Diego siguió mirando a su alrededor
y dijo: "Ya sabes, en este momento
estamos buscando un lugar seguro
en un terreno más alto.

Escuché que las olas son más altas
que una casa.

No podemos nadar a través de eso".

Mi corazón se congeló por un momento
cuando escuché las noticias.
No podía creer que esto iba a suceder.

"¿Vienes con nosotros?"
Me preguntó Tito.

Negué con la cabeza

"Lo siento, no puedo...
tengo que alertar a mi familia.
Cuídense".

Ladré y corrí de regreso a casa tan
rápido como mis patas me lo
permitieron.

"Guau, guau", seguí ladrando
mientras me acercaba.

Quería advertir a mi familia del peligro,
pero tan pronto llegué a casa, noté que
estaba vacío y tapada con madera
por todos lados.

VROOOM
VROOOM
PUERTO RICO
MARIA
Isla Del Ecanto
R

De repente escuché un sonido familiar

VROOOM, VROOOM.

Cuando corrí a la calle,
vi que el auto se alejaba.

Traté de alcanzarlos.
Pude ver a mi hermana Anita llorando
y señalándome, pero no se detuvieron.

Corrí cada vez más rápido hasta que
no pude verlos más.

"Ohh nooo! ¿Que voy a hacer ahora?
¡Guau! ¿A dónde voy?"

Entonces, recordé a mis amigos
que dijeron que estaban buscando
un lugar más alto.

ROARRR!

¡Las cosas rápidamente fueron de mal en peor! Las nubes aparecieron rápido, oscureciendo el cielo.

El viento, los rayos y los truenos empezaron a rugir como un monstruo enojado.

ROARRR!!!

Cayo el aguacero y causó inundaciones repentinas y el agua me arrastraba.

¿Que se supone que haga? ¡Guau! Me preguntaba.

Intenté nadar, pero la corriente
seguía arrastrándome hacia atrás.

Me encontraba en medio de todo
tipo de escombros que se acercaban
por todas las direcciones, haciendo
que fuera imposible ver.

Hasta que finalmente, vi una palmera
caída que se me acercaba.

Esta es mi oportunidad, me dije y me agarre con todas mis fuerzas.

La palmera flotó por un tiempo y luego se desvió hacia el lado de una montaña.

Me las arreglé para saltar fuera
del agua y arrastrarme hasta
la cima de la montaña.

OWOO OOOOOO

"¿Dónde estoy? ¡Guau!
¿Donde está todo el mundo? ¡Guau!"
Ese lugar parecía desierto.

Todo lo que pude ver fue un río
fangoso repleto de árboles caídos,
líneas eléctricas caídas, autos volcados
y casas que fueron arrastradas.

"Se está volviendo más y más oscuro.
¿Que voy a hacer?

Tengo hambre, sed y miedo.
Owoooooooooo", grité.

De repente escuche pasos.
Levanté la vista y, para mi sorpresa,
eran Diego, Tito y otros dos satos.

"Te ves terrible", me saludó Diego.
Pensé que te habías ido para tu casa.
¿Qué pasó?

"Me fui a casa", respondí, "pero mi
familia me abandonó y me dejó para
enfrentar esta terrible tormenta
por mi cuenta".

"¿Qué? Entonces, ¿cómo
llegaste al Yunque?" Dijo Tito.

"Ahí es donde estoy, el Yunque!
Siempre quise ir al bosque lluvioso,
pero no de esta manera", exclamé.

Rico, ven aquí, quiero que conozcas
a Figaro y Chee-Kee.

Ellos conocen estas montañas como
la palma de sus patas, dijo Tito.

"Bueno chicos, está demasiado oscuro y peligroso para nosotros seguir adelante.

Vamos a tener que acampar aquí y comenzar de nuevo por la mañana", aconsejó Diego.

La noche fue larga y espeluznante.

El sonido tenebroso de las ramas y gotas de lluvia me mantuvo despierto, mientras los demás dormían.

¡NUNCA OLVIDES!

Temprano en la mañana brillante,
nos abrimos paso en la ciudad en
busca de comida y agua.

No había nada.

Los ríos estaban llenos de barro
y basura; todo fue destruido.

La tormenta destruyo cientos de casas y desconecto la energía eléctrica
dejando a toda la isla en un apagón total.

EL YUNQL
CLOSED
National
FOREST

Caminamos por millas, cuando
de repente vi una luz en la distancia.

"¿Ven eso, chicos? Algo dentro de mí
dice: vamos allí", dije.

Todos estuvieron de acuerdo
y gritaron, "SIIIHI".

A medida que continuamos
nuestro viaje a través de la ciudad
devastada por la tormenta,
comenzamos a ver signos de vida.

Vimos gente limpiando, trabajando
juntos y ayudándose mutuamente
a reconstruir nuestra isla encantada.

Ali
Mentamos
Una
ISLA
Campeon
BO 2017
R

Vimos un reportero, un helicóptero y
un hombre cocinando y alimentando
a cientos de personas.

Incluso nos tiró unos huesos sabrosos.

GAS
155 mph
¡Hagamos PR GRANDE Otra Vez!

La luz se hizo más y más brillante
a medida que nos acercábamos.

Empezamos a saltar de alegría
y corrimos porque ya casi
estábamos allí.

Otros satos empezaron a seguirnos.

Cuando llegamos, encontramos a una mujer que nos daba la bienvenida con los brazos abiertos frente a un hermoso faro lleno de animales.

Relájate
y
Rescata
un
SATO

Adoptar
no
Comprar

COQUI
COQUI

Todos fuimos alimentados y cuidados.

Entonces oí un sonido.
Todo el mundo, shhh shhh, escucha.

Coqui, Coqui.

"Coqui" es un sapo encontrado solo en Puerto Rico. Produce un sonido agudo distinto "ko-kee, ko-kee" especialmente de noche.

Relájate y Rescata un SATO
ARF!
WOOF!
GUAU!
GUAU!
COQUI
COQUI
WAUF!
HAU!
WAU!
MEOW!
MEOW!
WOOF!
WAUF!

Todos nos miramos asombrados
y cantamos,

"¡Puerto Rico se levantará!

¡GUAU!"

necesitamos
tu ayuda
!🐾🐾🐾🐾🐾!
Puerto Rico
esta devastado
por el Huracan
Maria
Adopta
un
Sato

www.satofabulous.com

Gracias

A mi marido Superman, **Domingo Silva** por siempre creer en mi y empujarme al siguiente nivel. Sin ti este libro nunca hubiera pasado. Te AMO ahora y SIEMPRE!

Mi mejor amigo de la infancia **David Matos** por animarme y inspirarme a escribir este libro. Sus ideas influyeron en este libro y me estiraron.
Gracias por caminar este viaje con migo.

Nancy Scott y **Elizabeth Peluyera**, siempre recordaré y apreciaré el apoyo que me has brindado. Valoro tu amistad.
Mi cuñada **Gladys Vazquez** por estar siempre ahí.

The Animal Lighthouse Rescue por todo su increíble trabajo rescatando y encontrando hogares amorosos para los Satos. Especialmente bendiciéndome con Rico Suave.

David Begnaud, Puerto Rico's Campeón. Por su honesto reportaje, corazón amable y por nunca olvidarnos. **Chef Jose Andres** y su equipo por su gran corazón y determinación para alimentar a nuestra isla..

Governor Ricardo Rosello & Primera Dama Beatriz Rosello
por tu dedicación a los animales.

Más importante GRACIAS a **Dios**, por rodearme de AMOR cada día
y NUNCA dejar mi lado!

Este libro esta dedicado a mi nieto **Zakius Rodriguez**, recuerde siempre
SOÑAR EN GRANDE!